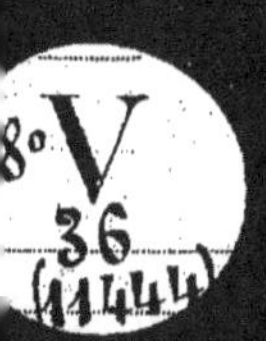

OBJETS D'ART
ANCIENS

Sièges et Meubles anciens

TAPISSERIES ANCIENNES

Objets d'Art Anciens

GRAVURES ANCIENNES

Dessins, Aquarelles, Gouaches

TABLEAUX ANCIENS

Faïences et Porcelaines Anciennes

ARGENTERIE

OBJETS DE VITRINE — OBJETS DIVERS

BRONZES

Pendules

BOIS SCULPTÉS

Sièges et Meubles Anciens

ÉTOFFES

TAPIS D'ORIENT

Tapisseries Anciennes

DONT LA VENTE AUX ENCHÈRES PUBLIQUES AURA LIEU

HOTEL DROUOT, Salle n° 6

Les Jeudi 3 et Vendredi 4 Décembre 1925, à 2 heures.

COMMISSAIRE-PRISEUR :	EXPERT :
Me ANDRÉ DESVOUGES	M. ÉDOUARD PAPE
	EXPERT PRÈS LE TRIBUNAL CIVIL DE LA SEINE
26, rue de la Grange-Batelière, 26	174, faubourg St-Honoré, 174

EXPOSITION PUBLIQUE

Le Mercredi 2 Décembre 1925, de 2 heures à 6 heures.

CONDITIONS DE LA VENTE

Elle sera faite au comptant.

Les acquéreurs paieront *14,50 pour cent* en sus des enchères ou *19,50 pour cent* pour les objets soumis à la taxe de luxe.

Aucune réclamation ne sera admise une fois l'adjudication prononcée.

ORDRE DES VACATIONS

Jeudi 3 Décembre 1925.

Gravures.	Nᵒˢ 1 à 25
Aquarelles. Dessins	Nᵒˢ 26 à 42
Tableaux	Nᵒˢ 43 à 68
Porcelaines et Faïences.	Nᵒˢ 69 à 100
Argenterie. Métal	Nᵒˢ 101 à 111
Objets de vitrine	Nᵒˢ 112 à 123
Objets divers	Nᵒˢ 124 à 137

Vendredi 4 Décembre 1925.

Bronzes. Lustres	Nᵒˢ 138 à 152
Pendules. Régulateur	Nᵒˢ 153 à 156
Bois sculptés. Glaces.	Nᵒˢ 157 à 172
Sièges	Nᵒˢ 173 à 209
Meubles	Nᵒˢ 210 à 236
Étoffes. Tapis.	Nᵒˢ 237 à 259
Tapisseries.	Nᵒˢ 260 à 265

92.566. — Imprimerie Lahure, 9, rue de Fleurus, à Paris. — 1925.

DÉSIGNATION

GRAVURES

BARBIER
(d'après)

1 Nymphe sortante (*sic*) du bain

Épr. imprimée en couleurs, par *Bonnet*.

BONNET

2 L'Éventail brisé

L'Amant écouté

Épr. imprimées en couleurs.

BOUCHER
(F.)
(d'après)

3 Les Grâces au bain

Épr., par *Ryland*.

BOUCHER
(d'après)

4 Étude de femme

Épr., par *Petit*.

BOUCHER
(d'après)

5   **Vénus au dauphin**

Épr. en sanguine, par *Petit*.

BOUCHER
(d'après)

6   **La Vénus aux colombes**

Épr. aux trois crayons, par *Demarteau*.

BUNBURY
(d'après)

7   **La Lettre**

Épr., par *Bartolomu*.

DE TROY
(d'après)

8   **La lettre**

Épr., par *Chereau*.

DEVÉRIA
(d'après)

9   **Ne regardez pas**

Épr., par *Sixdeniers*.

ÉCOLE FRANÇAISE

10   **Le lever**

ÉCOLE FRANÇAISE

11   **L'Amour enchaîné**

Épr. en couleurs.

EISEN
(d'après)

12   La Vertu sous la garde de la fidélité

Les désirs satisfaits

Par *Le Beau* et *Palas*.

FRAGONARD
(d'après)

13   Le chiffre d'Amour

Par *de Launay*.

LAINÉ
(d'après)

14   L'agréable repos

Épr. imprimée en couleurs, par *Briceau*.

LE PRINCE
(d'après)

15   Les Modèles

Épr., par *de Longueil*.

LE PRINCE
(d'après)

16   L'Amour à l'Espagnole

Par *Saint Aubin* et *Pruneau*.

MARTINI
(d'après)

17   Exposition au salon du Louvre en 1827

MOREAU LE JEUNE
(d'après)

18   Les délices de la maternité

Par *Helman*.

MOREAU LE JEUNE
(d'après)

19   La promenade

Par *Guttenberg*.

REGNAULT
(d'après)

20   Io

Épr., par *Chaponnier*.

ROBERT
(Hubert)
(d'après)

21   L'Ermite du Colisée

Le Cloître

Épr. imprimées en couleurs.

ROEHN
(d'après)

22   La Séduction

Épr., par *Bourgeois de la Richardière*.

ROPS

23   L'Étude

Eau-forte.

ROPS

24   Femme et amour

Eau forte.

SANTERRE
(d'après)

25   Le Masque

Épr., par *Chasteau*.

AQUARELLES - DESSINS - GOUACHES

BOILLY
(L.-L.)
(attribué à)

26   Portrait de jeune garçon

Portrait de fillette

Crayons.

Haut., 0^{m}17 1/2 ; larg., 0^{m}12.

ÉCOLE FLAMANDE
(xviie siècle)

27   Le retour du troupeau

Aquarelle.

Haut., 0^{m}26 1/2 ; larg., 0^{m}41.

ÉCOLE FRANÇAISE
(xviii° siècle)

28 Projet de fontaine

Crayon.

Haut., 0^m42 ; larg., 0^m23 1/2.

ÉCOLE FRANÇAISE
(xix° siècle)

29 Portrait de jeune femme

Crayon.

Haut., 0^m13 1/2 ; larg., 0^m10.

ÉCOLE FRANÇAISE
(xix° siècle)

30 Jeune femme et son chien

Crayon.

Haut., 0^m18 ; larg., 0^m14.

ÉCOLE ITALIENNE
(xvi° siècle)

31 Mise au tombeau

Lavis de sépia avec rehauts.
Cadre ancien.

Haut., 0^m24 ; larg., 0^m17.

ÉCOLE ITALIENNE
(xvii° siècle)
(attribué à)

32 Le Triomphe d'Amphytrite

L'Enlèvement d'Europe

Gouaches.

Haut., 0^m12 ; larg., 0^m18.

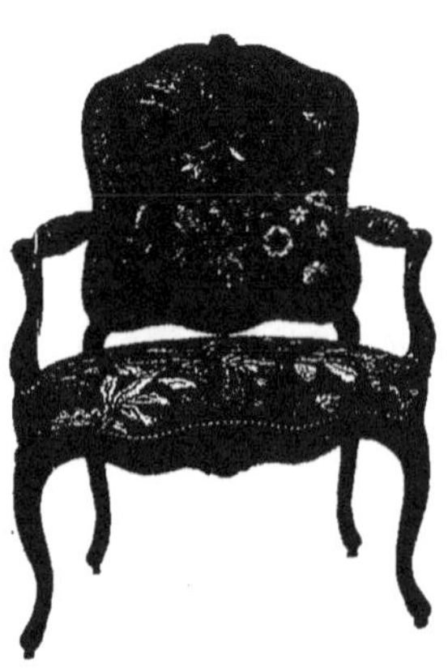
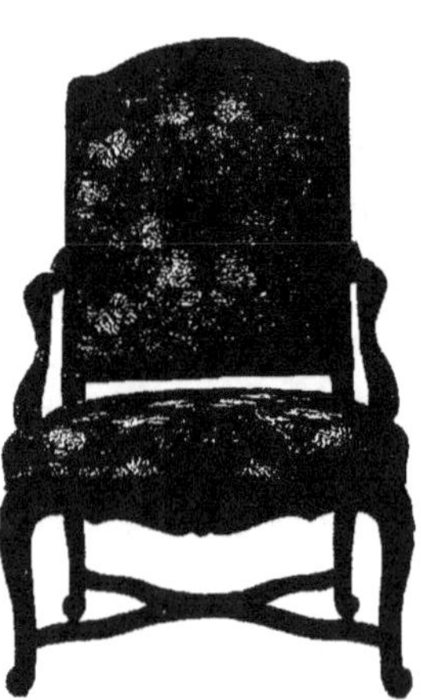
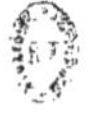

208

209

HARTMANN

33   La promenade sur le lac

Paysage montagneux

Deux gouaches faisant pendants et portant l'inscription dans la marge : *peint par Hartmann à Bienne 1789.*

Haut., 0ᵐ27 1/2; larg., 0ᵐ42 1/2.

NICOLLE
(attribué à)

34 à 40   Dix vues de villes

Aquarelles.

(Seront divisées.)

POUSSIN
(N.)
(attribué à)

41   Acteur comique

Plume et lavis de sépia.
Marques de collection.

Haut., 0ᵐ32; larg., 0ᵐ21 1/2.

ROUSSILLON
(Eugénie)

42   Offrande à l'Amour

Aquarelle ovale, signée.

Haut., 0ᵐ31; larg., 0ᵐ25.

TABLEAUX

BOURGUIGNON
(Le)
(attribué à)

43   **Deux épisodes de batailles**

Deux toiles.

Haut., 0ᵐ47 ; larg., 0ᵐ95.

DELACROIX
(E.)
(genre de)

44   **Pacha et sultane**

Panneau.

Haut., 0ᵐ25 ; larg., 0ᵐ34.

DELORME

45   **Eros**

Toile signée en bas, à gauche.

Haut., 1ᵐ12 ; larg., 1ᵐ42.

ÉCOLE FLAMANDE
(xvɪᵉ siècle)

46   **Jésus et les Pharisiens**

Cuivre.

Haut., 0ᵐ13 1/2 ; larg., 0ᵐ19.

ÉCOLE FLAMANDE
(xviiᵉ siècle)

47 Jésus et la Vierge dans un encadrement de fleurs

Peinture sur ardoise.

Haut., 0ᵐ23; larg., 0ᵐ31 1/2.

ÉCOLE FLAMANDE
(xviiᵉ siècle)

48   Le Coq

Toile.

Haut., 0ᵐ33; larg., 0ᵐ44.

ÉCOLE FLAMANDE (?)
(xviiᵉ siècle)

49   Adam et Eve

Panneau.

Haut., 0ᵐ44; larg., 0ᵐ32.

ÉCOLE FRANÇAISE

50   Jeux d'Amours

Toile.

Haut., 0ᵐ15; larg., 0ᵐ28.

ÉCOLE FRANÇAISE

51   Les Trois Grâces

Toile.

Haut., 0ᵐ43 1/2; larg., 0ᵐ35.

ÉCOLE FRANÇAISE
(xviiᵉ siècle)

52   La Vierge

Saint Jean

Deux toiles rondes.

Diam., 0ᵐ46.

ÉCOLE FRANÇAISE
(xviiiᵉ siècle)

53 Les filles de Loth

Toile.

Haut., 0ᵐ63 ; larg., 0ᵐ79.

ÉCOLE FRANÇAISE
(xviiiᵉ siècle)

54 Réunion dans un parc

Toile.

Haut., 0ᵐ64 ; larg., 0ᵐ76.

ÉCOLE FRANÇAISE
(xviiiᵉ siècle)

55 Quatre dessus de porte à scènes mythologiques

Toile de forme octogonale.

Haut., 0ᵐ95 ; larg., 1ᵐ00.

ÉCOLE FRANÇAISE
(xviiiᵉ siècle)

56 Portrait d'une châtelaine en bergère

Toile.

Haut., 1ᵐ10 ; larg., 0ᵐ75.

ÉCOLE FRANÇAISE
(xviiᵉ siècle)

57 Portrait de femme assise

Toile.

Haut., 1ᵐ40 ; larg., 1ᵐ10.

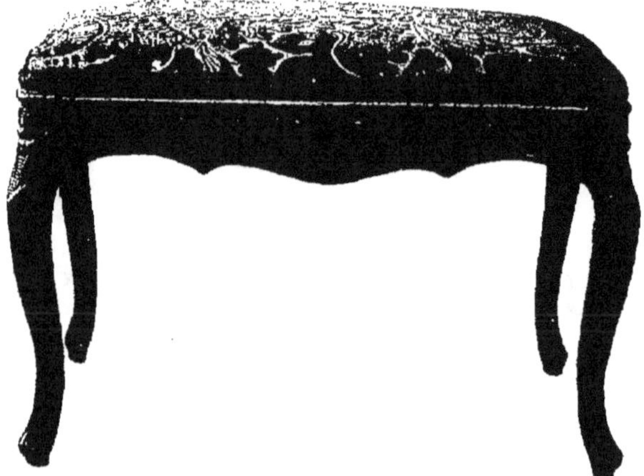

206

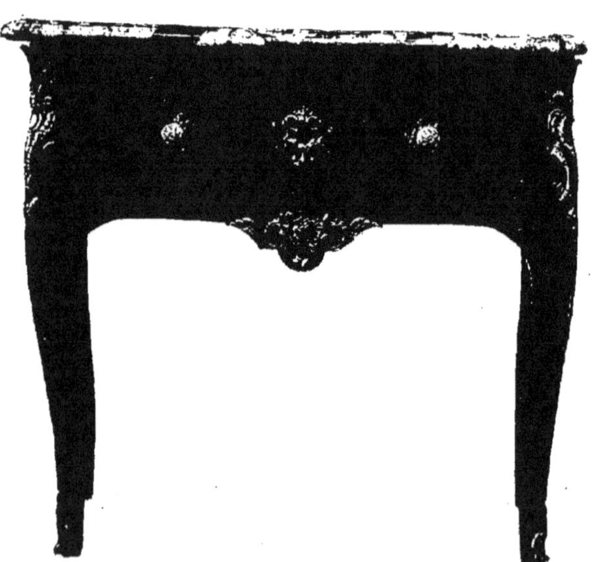

236

ÉCOLE ITALIENNE
(xvie siècle)

58   **L'Annonciation**

Toile.

Haut., 0ᵐ34 ; larg., 0ᵐ43 1/2.

ÉCOLE ITALIENNE
(xvie siècle)

59   **La Nativité**

Cuivre.

Haut., 0ᵐ29 ; larg., 0ᵐ37.

ÉCOLE ITALIENNE
(xvie siècle)

60   **La Vierge et l'Enfant**

Panneau agrandi.

Haut., 0ᵐ35 ; larg., 0ᵐ28.

ÉCOLE ITALIENNE
(xviie siècle)

61   **Sainte Famille**

Cuivre.

Haut., 0ᵐ21 ; larg., 0ᵐ16.

JACQUES
(Charles)

62   **Moutons buvant**

Peinture signée des initiales.

Haut., 0ᵐ11 1/2 ; larg., 0ᵐ15.

LEPRINCE
(Xavier)
(attribué à)

63   La Calèche

Carton.

Haut., 0ᵐ15; larg., 0ᵐ20 1/2.

MET DE BLÉS
(attribué à)

64   L'Adoration des Mages

Panneau.

Haut., 0ᵐ14. 1/5; larg., 0ᵐ09 1/2.

MONNOYER
(attribué à)

65   Études de fleurs

Deux toiles faisant pendants.

Haut., 0ᵐ69; larg., 0ᵐ56.

PEEREBOOM

66   Le marché

Toile.

Haut., 0ᵐ46; larg., 0ᵐ64.

VAN OSTADE
(J.)
(attribué à)

67   Le Duo

Panneau.

Haut., 0ᵐ17 1/2; larg., 0ᵐ23.

VAN DER WERF
(attribué à)

68   Diane et une suivante

Toile.

Haut., 0ᵐ41; larg., 0ᵐ34.

PORCELAINES & FAIENCES ANCIENNES

69 — **Berlin.** Groupe en porcelaine blanche représentant *la Paix terrassant la Guerre.*

70 — **Castelli.** Petite assiette présentant *Diane et Actéon.*

71 — **Castelli.** Deux médaillons à décor polychrome de paysages.

72 — **Castelli.** Six plaques à sujets de chasses ou de batailles. Décor polychrome.

(Seront divisées.)

73 — **Castelli.** Plat décor polychrome et or représentant *l'Abondance distribuant des fleurs.*

74 — **Delft.** Potiche couverte décor de paysage et vase fleuri en camaïeu bleu.

75 — **Delft.** Plat représentant un vase fleuri et un oiseau sur fond marron.

76 — **Delft.** Statuette de vache à côté d'un baquet. Décor polychrome.

77 — **Est.** Soupière et plateau à décor de fleurs en couleurs.

78 — **Hispano-Mauresque.** Trois plats creux, décors variés.

(Seront divisés.)

79 — **Italie.** Petit plat présentant au fond un marchand de fruits et des arabesques polychromes au marli.

80 — **Italie.** Bouteille décorée de personnages et animaux polychromes.

81 — **Lorraine.** Poêle en faïence blanche.

82 — **Marseille.** Assiette décorée de rocailles et fleurettes en camaïeu
vert.

83 — **Marseille.** Deux tasses et soucoupes à filets roses.

84 — **Midi.** Petite assiette décorée au fond d'un bouquet de fleurs en
couleurs.

85 — **Niderwiller.** Petit plat ovale décoré en camaïeu rose de paysage et insectes.

86 — **Paris.** Statuette de femme assise ayant un mouton à ses pieds.
Biscuit.

87 — **Paris.** Vase à anses feuillagées, décoré de paysages dorés.

88 — **Rouen.** Plat décor polychrome à la double corne.

89 — **Saxe.** Petite corbeille vannerie décorée de quatre mascarons
en couleurs.

90 — **Strasbourg.** Huilier décoré de bouquets de fleurs en couleurs.

91 — **Strasbourg.** Cache-pot lobé décoré de bouquets de fleurs polychromes et de peignés rouges.

92 — **Strasbourg.** Paire de cache-pot lobés décorés de bouquets de
fleurs polychromes et de peignés roses.

93 — **Strasbourg.** Deux plats ronds à marli ajouré, décor de bouquets de fleurs polychromes.

94 — **Strasbourg.** Plat ovale à marli ajouré décoré de grosses fleurs
en couleurs.

95 — **Strasbourg.** Paire de petits souliers. Décor polychrome de fleurettes.

96 — **Strasbourg.** Plat ovale à marli ajouré décoré de bouquets de fleurs polychromes et de la devise : *Fais ce que tu dois, arrive ce qui pourra.*

97 — **Urbino.** Plat à décor de grotesques. Médaillon central à personnages.

98 — **Urbino.** Plat creux côtelé décor polychrome de grotesques. Réserve rectangulaire au centre.

99 — **Urbino.** Plat décor polychrome représentant un épisode mythologique.

100 — **Urbino.** Plat représentant le Triomphe d'un monarque. Décor polychrome.

ARGENTERIE - MÉTAL ARGENTÉ

101 — **Douze cuillers** à café, en argent. Commencement du xixe siècle.

102 — **Louche** et service à salade, en argent.

103 — **Douze cuillers** et douze fourchettes, en argent. xviiie siècle.

104 — **Salière** double, en argent, à récipients ajourés. Poinçons au coq.

105 — **Moutardier** en argent présentant trois pilastres à buste de femme. Poinçon au coq.

106 — Légumier et plateau en argent, à feuillages et palmettes. Commencement xixe siècle.

107 — Saucière et plateau ovale en argent. Poinçons au coq.

108 — Douze grands couteaux.

Douze couteaux à entremets, lames en vermeil.

Six couteaux à entremets lames en acier, manches en nacre. Commencement xixe siècle.

109 — Plat rond en métal argenté. Commencement xixe siècle.

110 — Paire de flambeaux en métal argenté à tige balustre.

111 — Paire de candélabres à cinq lumières en métal argenté. xviiie siècle.

OBJETS DE VITRINE

112 — Miniature ovale : Au cabaret, dans le goût de l'Ecole Flamande.

113 — Boîte ronde en écaille ornée d'une gouache : Chasse aux petits oiseaux. xviiie siècle.

114 — La Famille Royale, gravure en couleurs.

115 — Miniature, de forme ovale, d'homme en habit mauve. xviiie siècle.

116 — Petit médaillon rond en terre cuite représentant *Louis XVI*.

117 — Éventail en soie peinte et rehaussé de paillettes. xviiie siècle.

118 — **Médaillon** en cire, avec rehauts de dorure, présentant : *La Vierge et l'Enfant*. xvi⁰ siècle.

119 — **Médaillon** en cire présentant un buste de jeune femme. xvii⁰ siècle.

120 — **Éventail** peint au vernis Martin, décoré de paysages ou scènes galantes. xviii⁰ siècle.

121 — **Petit groupe** en ivoire : *Vénus et l'Amour*.

122 — **Miniature** représentant la Cène. Cuivre. xvi⁰ siècle.

123 — **Plaque d'émail** représentant le « *Lavement des pieds* ». Limoges. xvi⁰ siècle.

OBJETS DIVERS

124 — **Coffret** décoré au vernis, représentant des paysages et un couple galant. xviii⁰ siècle.

125 — **Coffret** en paille, décor de fleurs et de paysages. xviii⁰ siècle.

126 — **Plat ovale**, en cuivre repoussé représentant deux personnages sur le point de descendre un escalier. xvii⁰ siècle.

127 — **Deux verres** à pied en cristal taillé et gravé, à paysages et armoiries.

128 — **Trois pièces verreries** gravées ou taillées : hanap, verre, etc.

129 — **Petit plateau** en cuivre gravé supportant deux lumières. xvii⁰ siècle.

130 — **Ecritoire** forme rognon en bois et cuivre.

131 — **Deux boules** à savon en cuivre ajouré ou non. xviiie siècle.

132 — **Vase** de forme Médicis en albâtre décoré de médaillons en haut relief. Commencement xixe siècle.

133 — **Deux vases** forme Médicis en cristal taillé. Commencement xixe siècle.

134 — **Verseuse** en cuivre décorée de trophées et d'une armoirie. xviie siècle.

135 — **Petit plat** en étain représentant la Résurrection du Christ et des effigies de Saints. xvie siècle.

136 — **Deux petits flambeaux** présentant trois lumières sur un plateau lobé. xviiie siècle.

137 — **Buste** en marbre blanc de personnage antique.

BRONZES - LUSTRES

138 — **Statuette** en bronze patiné : « Le Gaulois », par *Massoulle*. Édition Fumière.

139 — **Groupe** en bronze doré de *Frémiet* représentant Minerve dans un char traîné par trois chevaux.

140 — **Statuette** de Lion, bronze patiné, par *Moigniez*.

141 — **Groupe** en bronze patiné, de *Rodin* : « Le Baiser ». (Édition Barbedienne.)

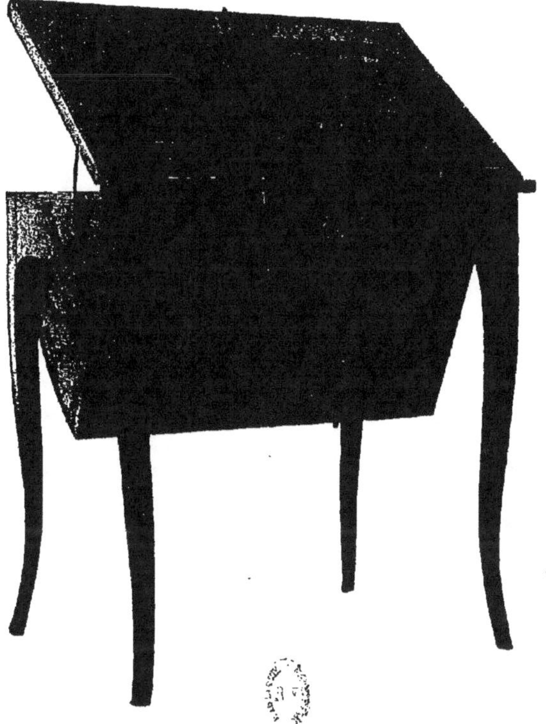

234

142 — **La Vierge et l'Enfant**, petit groupe en bronze patiné. xviiie siècle.

143 — **Paire d'appliques** à une lumière à mascaron. xviiie siècle.

144 — **Deux appliques** bronze patiné : personnages de la Comédie Italienne.

145 — **Paire de bustes** en bronze patiné, représentant *Homère et Virgile*. xviiie siècle.

146 — **Flambeau** de bouillotte à deux lumières à colonne cannelée. Bronze doré. Commencement xixe siècle.

147 — **Deux petits bustes** : Enfant et femme; bronze patiné. Italie. xvie siècle.

148 — **Plaquette** en bronze doré, représentant *la Mise au tombeau*. Italie. xvie siècle.

149 — **Grand mortier** en bronze à anses dauphins. xvie siècle.

150 — **Petit lustre** à six lumières, en cuivre orné de plaquettes, boule et pièces d'enfilage en cristal.

151 — **Lustre** à huit lumières avec plaquettes, pendeloques en cristal. Monture cuivre.

152 — **Petit lustre** à six lumières en cuivre, orné de pendeloques boule, graines et pièces d'enfilage en cristal.

PENDULES - RÉGULATEUR

153 — **Cartel** en bronze doré à guirlandes et vases. Cadran de *Aréra*. Époque Louis XVI.

154 — **Pendule** religieuse en marqueterie de cuivre et d'écaille. Cadran de *J. Prevost à Paris*. xviie siècle.

155 — **Pendule** en marbre blanc et bronze doré, décorée de rinceaux guirlandes, épis, etc. Cadran de *Bergmiller à Paris*. Fin du xviiie siècle.

156 — **Régulateur** en bois sculpté et doré, en partie plaqué d'écaille. Cadran de *Martinot à Paris*. xviiie siècle.

BOIS SCULPTÉS - GLACES

157 — **Grande glace** en ébène, ornée d'appliques dorées à sujets floraux. xviie siècle.

158 — **Reliquaire** en bois sculpté et doré à motifs floraux. xviie siècle.

159 — **Glace** en bois sculpté et redoré, à fronton treillagé orné de rocailles et d'une grosse fleur. xviiie siècle.

160 — **Baromètre** en bois sculpté et doré à guirlandes de lauriers et vase d'amortissement. Époque Louis XVI.

161 — **Glace** en bois sculpté et doré à fronton ajouré, ornée de fleurs et rocailles. xviiie siècle.

162 — **Cadre** ovale en bois sculpté décoré au fronton d'un nœud de ruban et de fleurs. En partie d'époque Louis XVI.

163 — **Glace** en bois sculpté et doré, ornée au fronton d'attributs de musique, de fleurs et de rubans. xviiiᵉ siècle.

164 — **Petit panneau** de cabinet en ébène sculpté, représentant une Déesse traînée par des biches. xviiᵉ siècle.

165 — **Glace** en bois sculpté et doré dont le fronton ajouré est orné de rinceaux feuillagés, de drapeaux et d'une draperie retombant sur les côtés. Époque Louis XVI.

166 — **Trumeau** en bois sculpté, doré et peint, orné dans la partie supérieure d'un sujet : *La joueuse de vielle*. xviiiᵉ siècle.

167 — **Glace** en bois sculpté et doré, présentant au fronton une couronne de lauriers accostée de colombes et de draperies retombantes. Époque Louis XVI.

168 — **Petit trumeau** en bois peint et doré, orné dans la partie supérieure d'une petite peinture : *Baigneuses*.

169 — **Trumeau** en bois sculpté, peint et doré, présentant dans sa partie supérieure une peinture : *Pêcheur et lavandières*.

170 — **Petit groupe** en bois sculpté : Saint Roch et un ange. xviᵉ siècle.

171 — **Statue** de sainte Barbe debout à côté d'une tour. Bois sculpté. xvᵉ siècle(?)

172 — **Statue** de personnage grandeur naturelle en bois sculpté et polychromé. Il est représenté debout, coiffé d'un turban recouvrant des cheveux qui tombent jusque sur les épaules. A sa ceinture est accrochée une bourse. xvᵉ siècle. (Réparation).

SIÈGES

173 — Fauteuil de bureau, en bois naturel sculpté et canné.

174 — Deux fauteuils en bois sculpté repeint blanc et mouluré. Pieds galbés. Époque Louis XV. Ils sont recouverts de soierie crème à bouquets de fleurs.

175 — Fauteuil en bois naturel sculpté, orné de coquilles, feuillages et rinceaux. Époque Louis XV. Il est recouvert de soie verte à larges fleurs.

176 — Fauteuil en bois naturel ciré, à dossier arrondi, décoré d'un bouquet de fleurettes. Pieds cannelés. Époque Louis XVI. Il est recouvert de soie brochée de fleurs à fond gris.

177 — Canapé corbeille en bois sculpté et repeint blanc, soutenu par huit pieds cannelés. Époque Louis XVI. Il est recouvert de soierie verte.

178 à 180 — Trois fauteuils en bois sculpté et canné. xviiie siècle.

(Seront divisés.)

181 — Chaise en bois naturel, recouverte d'ancienne tapisserie verdure.

182 — Fauteuil en acajou à accotoirs cannelés et feuillagés. xixe siècle.

183 — Tabouret en bois sculpté recouvert d'une ancienne tapisserie au point à sujet chinois.

184 — Deux chaises à dossier ajouré et renversé, orné de colonnettes et draperies. Époque Directoire.

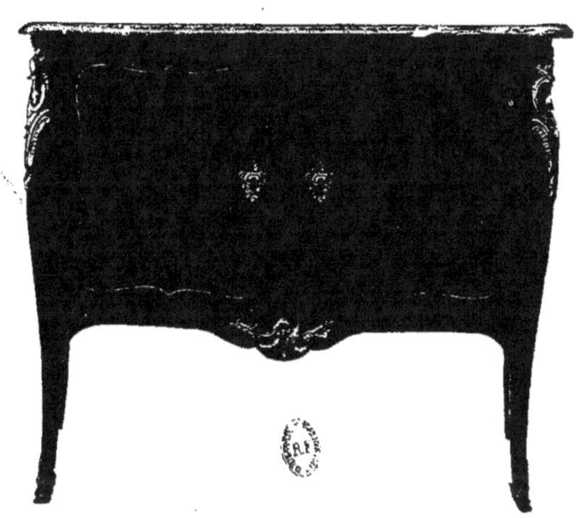

235

185 — **Paire de fauteuils** en bois repeint blanc à accotoirs balustres. Fin du xviiie siècle. Ils sont recouverts de soierie rayée bleu et rose.

186 — **Deux fauteuils** médaillons en bois sculpté et repeint avec entourage de rubans d'époque Louis XVI, recouverts d'ancienne tapisserie ornée de paniers fleuris et de guirlandes sur fond blanc et contrefond brun.

187 — **Grande bergère** gondole en bois sculpté, mouluré et peint gris. Pieds cannelés. Elle est recouverte de soierie rayée jaune, vert et rose.

188 — **Canapé** à joues en bois naturel ciré, supporté par huit pieds galbés. Il est orné de feuillages, rocailles, etc. Époque Louis XV.

189 — **Fauteuil** en bois naturel ciré, orné de feuillages, fleurettes, etc. Époque Louis XIV. Il est recouvert de soierie à ramages sur fond rose.

190 — **Deux fauteuils** cabriolet, en bois naturel, cirés, décorés de feuillages en relief. Époque Louis XV. Ils sont recouverts de soieries à fleurs sur fond jaune.

191 — **Fauteuil** en bois naturel, mouluré et orné de fleurettes et feuillages. Époque Louis XV. Il est recouvert de soierie lamée sur fond jaune.

192 — **Bergère** en bois naturel, à dossier arrondi et à pieds galbés, ornée de grosses fleurettes. Époque Louis XV. Elle est recouverte de soierie à bouquets de fleurs sur fond rose.

193 — **Fauteuil** en bois naturel sculpté à dossier mouvementé, orné de rocailles, branchages et ornements feuillagés. Époque Louis XV. Il est recouvert de soierie à larges fleurs sur fond vert.

194 — **Chaise** en bois naturel à dossier mouluré, orné de fleurettes et feuillages. Époque Louis XV. Elle est recouverte de soierie à bouquets de fleurs sur fond lie de vin.

195 — **Fauteuil** en bois naturel à pieds galbés, à accotoirs et bras feuillagés. Époque Louis XV. Il est recouvert de soierie à fleurs sur fond jaune.

196 — **Chaise** en bois naturel, recouverte d'ancienne tapisserie au point à vases fleuris.

197 — **Tabouret** en bois sculpté, recouvert d'ancienne tapisserie au point à grosses fleurs sur fond brun.

198 — **Chaise** en bois naturel, ornée dans le bas de coquilles, rinceaux, quadrillés, etc. Époque Régence. Elle est recouverte de soierie à fond vert.

199 — **Fauteuil** en bois sculpté et redoré, décoré de feuillages, rocailles, coquille, etc. Époque Régence.

200 — **Chaise** en bois naturel, sculpté et canné, décorée de coquilles et fleurettes feuillagées. Les pieds à console sont réunis par une entretoise. Époque Régence.

201 — **Fauteuil** en bois naturel ciré, sculpté et canné, décoré de rocailles, grenades, etc. Époque Régence.

202 — **Fauteuil** en bois sculpté, repeint et redoré, orné de feuillages, cartouches, etc. Époque Louis XV (restaurations). Il est recouvert de soierie brochée à ramages sur fond jaune.

203 — **Chaise-longue** en deux parties, en bois mouluré et repeint. Époque Louis XV. Elle est recouverte de soierie verte.

204 — **Bergère** en bois sculpté et repeint blanc, à dossier arrondi et pieds cannelés. Époque Louis XVI. Estampillée d'*Othon*. Elle est recouverte de perse à fleurs.

205 — **Deux petits fauteuils** médaillons en bois sculpté et repeint blanc à pieds cannelés et rudentés. Époque Louis XVI. L'un d'eux porte l'estampille de *Courtois*. Ils sont recouverts d'ancienne tapisserie au point à médaillons de fleurettes sur fond marron.

206 — **Petite banquette** en bois naturel, ornée de lambrequins, fleurettes, palmettes et feuillages. Époque Régence. Coussin en velours rouge.

(Voir la Reproduction.)

207 — **Fauteuil** en bois naturel décoré de grosses fleurettes feuillagées. Époque Louis XV. Il est recouvert d'ancienne tapisserie au point et au petit point représentant des volatiles, personnages et fleurs stylisées.

208 — **Fauteuil** en bois naturel ciré, d'époque Louis XV, recouvert d'ancienne tapisserie au point représentant des personnages armés d'un fléau ou portant un fagot, etc.

(Voir la Reproduction.)

209 — **Grand fauteuil** en bois naturel ciré, orné de coquilles et feuillages. Les pieds sont réunis par une entretoise. Époque Régence. Il est recouvert de soierie à fleurs sur fond vert.

(Voir la Reproduction.)

MEUBLES

210 — **Paravent** à cinq feuilles décoré de panneaux brodés à sujet d'oiseaux du xviiie siècle.

211 — **Paravent** à trois feuilles en bois doré avec des feuilles de soierie à paysages et fleurs sur fond jaune du xviiie siècle.

212 — Ecran en bois naturel sculpté et ajouré, supporté par des
pieds de biches. Il est orné de rocailles, fleurettes, lambrequins, etc. Il présente une feuille de tapisserie au point, à pavots.
Époque Régence.

213 — Ecran en bois sculpté à palmettes, rocailles, fleurettes, etc.,
avec feuille en soierie brodée de fleurs et couronnes.

214 — Grand coffret en bois de placage décoré de motifs avec
fleurs en relief. xvii⁰ siècle.

215 — Petite commode de poupée à trois tiroirs de forme mouvementée en bois de placage, marqueterie de filets et d'un
losange. xviii⁰ siècle.

216 — Console en bois sculpté et redoré à entrejambe orné d'un
vase fleuri. Elle est décorée de guirlandes de fleurs. Dessus de
marbre blanc. Époque Louis XVI.

217 — Commode à deux tiroirs à pieds galbés terminés par des sabots
en bois de placage marquetée sur le dessus d'un médaillon ovale
à sujets floraux. xviii⁰ siècle.

218 — Encoignure en bois de placage à portes pleines, de forme
légèrement galbée. Elle est marquetée de filets. Dessus de
marbre brèche. Époque Louis XV.

219 — Commode en bois de placage de forme galbée à deux rangs
de tiroirs, marquetée de filets. Dessus de marbre. Époque
Louis XV.

220 — Commode à deux tiroirs en bois de placage, marquetée de
filets à grecques. Dessus de marbre. xviii⁰ siècle.

221 — Servante en bois plaqué d'acajou à côtés évidés. Dessus de
marbre blanc. Ceinture de cuivre ajouré. Époque Louis XVI.

222 — Commode en bois de placage à deux tiroirs à ressaut sur le
devant. Elle est marquetée d'encadrements, rosaces et petites
feuilles. Dessus de marbre. Époque Louis XVI.

223 — **Petite servante** rectangulaire en bois plaqué d'acàjou et à plateau d'entrejambe. Dessus de marbre blanc. Ceinture de cuivre ajouré. Époque Louis XVI.

224 — **Guéridon** soutenu par quatre pieds carrés, en bois de placage marqueté de fausses cannelures. Dessus de marbre. Époque Louis XVI.

225 — **Commode** de forme mouvementée, à deux tiroirs en bois de placage, marquetée de cubes. Dessus de marbre. Époque Louis XV.

226 — **Petite console** en bois sculpté, ajouré, avec traces de dorure. Époque Louis XV.

227 — **Console** en bois sculpté, ajouré et peint blanc, ornée de coquilles, rocailles et guirlandes de fleurs. Dessus de marbre. Époque Louis XV.

228 — **Petite commode** à deux tiroirs en bois de placage, marquetée de filets. Entrées, chutes, poignées en bronze doré. Dessus de marbre. Époque Louis XV.

229 — **Armoire** en bois sculpté à portes pleines décorées de sujets mythologiques, fruits, poissons, etc., en relief. En partie du xvie siècle.

230 — **Petit cabinet** marqueté d'ivoire sur fond d'écaille. Il présente sur le devant neuf tiroirs et une porte. xviie siècle.

231 — **Commode** en bois de placage, marquetée de filets contournés. Elle est de forme mouvementée et présente deux rangs de tiroirs, chutes, entrées, poignées, etc. en bronze ciselé et doré. Dessus de marbre. Époque Louis XV.

232 — **Commode** en bois de placage à trois tiroirs, marquetée de réserves contenant des bouquets de fleurs. Dessus de marbre. Époque Louis XV.

233 — **Bibliothèque** en bois de placage, marquetée de filets, encadrements et étoiles. Portes en partie grillagée. Fin du xviie siècle.

234 — **Petit bureau** capucin à pieds galbés, marqueté de cubes sur le dessus. xviiie siècle.

(*Voir la Reproduction.*)

235 — **Commode** de forme légèrement mouvementée, en bois de placage présentant deux portes sur le devant. Elle est marquetée d'encadrements à filets. Dessus de marbre. Époque Louis XV.

(*Voir la Reproduction.*)

236 — **Petit meuble** à un tiroir de forme légèrement galbée en bois de placage, marqueté d'encadrements, filets et médaillons. Dessus de marbre. xviiie siècle.

(*Voir la Reproduction.*)

ÉTOFFES - TAPIS

237 à **244** — Lot d'étoffes, coussins, etc.

245 — **Bandeau** en ancien velours orné de rinceaux feuillagés rouge sur fond jaune.

Haut., 0^m55; larg., 3^m70.

246 — **Chasuble** décorée de fleurs et galons d'argent. xviiie siècle.

247 — **Tapis** de prière d'Orient à mihrab rouge.

0^m95 × 1^m30.

248 — **Tapis** d'Orient à décor de fleurettes sur fond bleu. Trois bordures.

1^m × 1^m65.

249 — **Tapis** de prière à mihrab bleu avec fleurs stylisées sur fond clair.

$1^m35 \times 1^m75$.

250 — **Tapis** d'Orient à réserve centrale de feuillages sur fond rouge.

$2^m25 \times 1^m40$.

251 — **Tapis** d'Orient à carrelage central bleu décoré d'oiseaux sur fond rouge. Large bordure à fond bleu.

$1^m50 \times 2^m10$.

252 — **Tapis** d'Orient décoré de vases stylisés et d'oiseaux sur fond clair.

$1^m85 \times 1^m30$.

253 — **Tapis** d'Orient à petites réserves sur fond clair. Large bordure à fleurs stylisées.

$1^m85 \times 1^m25$.

254 — **Tapis** de Boukkhara fond rubis.

$1^m45 \times 1^m20$.

255 — **Tapis** analogue.

256 — **Tapis** de prière d'Orient fond vert. Larges bordures à fond noir.

$1^m35 \times 1^m90$.

257 — **Tapis** de prière d'Orient à trois larges bordures fond vert.

$1^m30 \times 2^m15$.

258 — **Tapis** de prière d'Orient à nombreuses bordures fond vert amande.

$1^m65 \times 1^m18$.

259 — **Tapis** d'Orient présentant douze réserves à médaillons, arbustes stylisés, oiseaux, etc.

Haut., 2^m; larg., 2^m75.

TAPISSERIES

260 — **Deux panneaux** en tapisserie représentant des vases fleuris.

261 — **Lot** de bandes d'ancienne tapisserie, à rinceaux, fleurs et oiseaux.

262 — **Panneau** de tapisserie verdure décoré d'un paon perché sur un arbre. Dans le fond, un château. XVIIᵉ siècle.

Haut., 1ᵐ95 ; larg., 1ᵐ.

263 — **Petite tapisserie** représentant un chasseur et son chien au pied d'un arbre. Bordure de fleurs et rinceaux. XVIIIᵉ siècle.

Haut., 2ᵐ60 ; larg., 1ᵐ.

264 **Bande de tapisserie** représentant un personnage mythologique dans un encadrement à pilastres. Il est accompagné de corbeille de fruits, oiseaux, buste et d'inscriptions latines.
XVIᵉ siècle.

Haut., 2ᵐ ; larg., 0ᵐ5o.

265 — **Tapisserie** verdure présentant au premier plan près d'un large bouquet d'arbres, deux échassiers, un lapin, des vases fleuris, etc. Au fond, paysage montagneux. Bordure de fleurs et rinceaux. XVIIIᵉ siècle.

Haut., 2ᵐ55 ; larg., 2ᵐ9o.

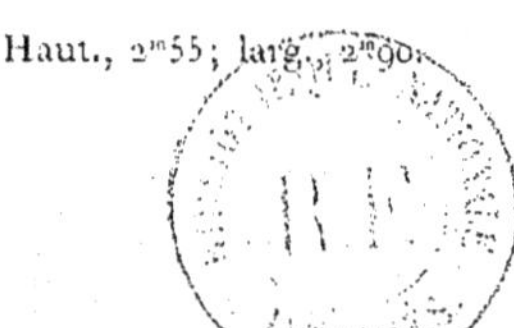